Ff

Maria Puchol

Abdo
EL ABECEDARIO
Kids

abdopublishing.com

Published by Abdo Kids, a division of ABDO, PO Box 398166, Minneapolis, Minnesota 55439.
Copyright © 2018 by Abdo Consulting Group, Inc. International copyrights reserved in all countries.
No part of this book may be reproduced in any form without written permission from the publisher.

Printed in the United States of America, North Mankato, Minnesota.

102017

012018

THIS BOOK CONTAINS
RECYCLED MATERIALS

Photo Credits: iStock, Shutterstock

Production Contributors: Teddy Borth, Jennie Forsberg, Grace Hansen

Design Contributors: Christina Doffing, Candice Keimig, Dorothy Toth

Publisher's Cataloging in Publication Data

Names: Puchol, Maria, author.

Title: Ff / by Maria Puchol.

Description: Minneapolis, Minnesota : Abdo Kids, 2018. | Series: El abecedario |
      Includes online resource and index.

Identifiers: LCCN 2017941868 | ISBN 9781532103056 (lib.bdg.) | ISBN 9781532103650 (ebook)

Subjects: LCSH: Alphabet--Juvenile literature. | Spanish language materials--Juvenile literature. |
      Language arts--Juvenile literature.

Classification: DDC 461.1--dc23

LC record available at https://lccn.loc.gov/2017941868

Contenido

La Ff

Federico toca **f**enomenal

la **f**lauta.

La Ff

Fátima quiere ser **f**utbolista

o **fotógrafo**.

La Ff

Los **f**ósiles no son **fr**ágiles, son **f**uertes.

8

La Ff

La **f**ruta **f**avorita de **F**abio son las **f**resas y las **f**rambuesas.

La Ff

Florentina le regala **f**lores a la **f**amilia de **F**elipe.

12

13

La Ff

Fernando grita al **f**inal de la **f**iesta.

La Ff

Las **f**ocas **fl**otan en el agua, pero también pueden nadar hasta el **f**ondo.

La Ff

Francis **f**rota un **fósf**oro para prender el **f**uego.

La Ff

¿Con qué usa el arco
Francisco?

(con una **f**lecha)

20

Más palabras con **Ff**

fila

Florida

florero

fútbol

Glosario

flotar
no hundirse en el agua.

fotógrafo
persona que se dedica a
hacer fotografías.

Índice

abdokids.com

¡Usa este código para entrar en abdokids.com y tener acceso a juegos, arte, videos y mucho más!

Código Abdo Kids:
EAK2998